«МАЛЫШ»

Наталья Магвайр

Я МОГУ ПОБЕДИТЬ ВСЕ СТРАХИ

Художник
Кристина Бородина

«МАЛЫШ»

УДК 372.3/.4
ББК 74.102
М12

Серия «Первая книга об эмоциях и чувствах»
Издание развивающего обучения
Дамыту біліміне арналған баспа
Для занятий взрослых с детьми (текст читают взрослые)
Для дошкольного возраста

Наталья Андреевна Магвайр

Я МОГУ ПОБЕДИТЬ ВСЕ СТРАХИ

Художник К. Бородина

Дизайн обложки *Н. Ворламовой*
Редактор *Т. Гавердовская*. Художественный редактор *М. Стародубцев*
Технический редактор *Е. Кудиярова*. Компьютерная вёрстка *Н. Соколов*

Общероссийский классификатор продукции ОК-034-2014 (КПЕС 2008) — 58.11.1 — книги, брошюры печатные
Книжная продукция ТР ТС 007/2011.

Произведено в Российской Федерации. Дата изготовления: январь 2022 года
Подписано в печать 23.11.2021. Формат 84×108/16. Печать офсетная. Бумага офсетная. Гарнитура Pragmatica
Усл.печ.л. 10,08. Тираж 3 000 экз. Заказ № 6045.

6-

Изготовитель: **ООО «Издательство АСТ»**
129085, Российская Федерация, г. Москва, Звёздный бульвар, д. 21, стр. 1, ком. 705, пом. I, 7 этаж
Наш электронный адрес: ask@ast.ru. Home page: www.ast.ru

Адрес места осуществления деятельности по изготовлению продукции:
Российская Федерация, Москва, 123112, Пресненская набережная, дом 6, строение 2
Деловой комплекс «Империя», 14,15 этаж

Мы в социальных сетях. Присоединяйтесь!
https://vk.com/ast.deti; https://www.instagram.com/ast.deti; https://www.ok.ru/ast.deti;
https://www.facebook.com/ast.deti

«АСТ баспасы» ЖШҚ
129085, Мәскеу қ., Жұлдызды гүлзао, 21-үй, 1-құрылыс, 705-бөлме, I жай, 7-қабат.
Біздің электрондық мекенжаймыз : www.ast.ru E-mail: ask@ast.ru
Интернет-магазин: www.book24.kz Интернет-дүкен: www.book24.kz
Импортер в Республику Казахстан и Представитель по приему претензий в Республике Казахстан — ТОО РДЦ Алматы, г. Алматы.
Қазақстан Республикасына импорттаушы және Қазақстан Республикасында наразылықтарды қабылдау бойынша өкіл — «РДЦ-Алматы» ЖШС, Алматы қ.,
Домбровский көш., 3«а», Б литері, офис 1. Тел.: 8(727) 2 51 59 90,91, факс: 8 (727) 251 59 92 ішкі 107;
E-mail: RDC-Almaty@eksmo.kz , www.book24.kz
Тауар белгісі: «АСТ». Өндірілген жылы: 2022. Өнімнің жарамдылық мерзімі шектелмеген. Сертификаттау қарастырылған

Отпечатано с электронных носителей издательства.
ОАО "Тверской полиграфический комбинат» . 170024, Россия, г. Тверь, пр-т Ленина, 5.
Телефон: (4822) 44-52-03, 44-50-34, Телефон/факс (4822)44-42-15
Home page - www.tverpk.ru Электронная почта (E-mail) - sales@tverpk.ru

Магвайр, Наталья.
М12 Я могу победить все страхи / Н. Магвайр ; худож. К. Бородина. — М. : Издательство АСТ, 2022. — 93, [3] с. : ил. — (Первая книга об эмоциях и чувствах).
ISBN 978-5-17-145341-1.

Чтобы у ребёнка была здоровая психика, чтобы он умел контролировать своё поведение, важно учить его понимать и называть свои эмоции, то есть развивать эмоциональный интеллект. Эта книга с простыми историями, с эмоциональными и понятными картинками поможет детям справиться со многими страхами. Придумала такую полезную книгу Наталья Магвайр, мама троих детей, а также по совместительству успешная бизнес-леди. Читайте с пользой и удовольствием!

Для дошкольного возраста.

УДК 372.3/.4
ББК 74.102

0+

ISBN 978-5-17-145341-1.

ДОРОГИЕ РОДИТЕЛИ!

Я рада, что вы заинтересовались моей книгой. Значит, вы стремитесь вырастить детей психически здоровыми, уверенными в себе, помогаете им лучше понять себя, учите выстраивать крепкие взаимоотношения с окружающими. Всё это требует от детей развитого эмоционального интеллекта, то есть умения распознавать эмоции, выражать чувства, успокаиваться, когда нахлынут сильные чувства, относиться к другим людям с пониманием.

Эта книга поможет вашему малышу справляться со своими страхами. Читайте, рассматривайте иллюстрации, обсуждайте поведение героев, сравнивайте ситуации со случаями из своей жизни. Такое общение — настоящее сокровище для вашего ребёнка! Желаю приятного и полезного совместного чтения!

Наталья Магвайр

Я не боюсь темноты

Этот вечер был ничем не примечательным. Мама приготовила мои любимые блинчики с малиновым вареньем, папа позволил обыграть себя в шашки, а моя сестра Оля как всегда во всё вмешивалась и давала свои ненужные советы.

Перед сном мама прочитала мне мою любимую сказку.

— Сладких снов, — сказала она.

— Не забудь включить ночник, — встревожился я.

С ночником как-то спокойнее, ведь в темноте затаились всякие монстры и привидения!

Мама поцеловала меня и ушла. Мягкое свечение ночника было похоже на лунную дорожку. В доме всё стихло, погружаясь в сон, и лишь через открытое окно с улицы доносились музыка ветра и шелест деревьев.

Среди ночи я вдруг проснулся. Меня окружала страшная ТЕМНОТА. Я не сразу догадался, что меня разбудило.

В комнате было темно-темно, и ни единого звука не доносилось до моих ушей. Только слабый лунный

свет, пробивавшийся через окно, помогал что-то различить. Вокруг танцевали страшные тени криворуких людей и чудищ.

Я хотел позвать маму и папу, но за дверью послышались какие-то звуки. Наверное, они и разбудили меня. Было похоже, что там кто-то ходил.

«Чудовище!» — догадался я, цепенея от страха.

Я так испугался, что даже не смог закричать. Мне оставалось лишь наблюдать за тем, как чудовище пробирается в мою комнату.

Я сидел в кровати, натянув одеяло до самого подбородка. Стоило мне снова услышать, что чудовище ходит под дверью, как моё сердце начало колотиться сильнее. Казалось, если я закричу, то оно выпрыгнет через рот. Поэтому я не звал на помощь, а молча сидел в своей постели.

Я начал различать тени под дверью — наверное, это были тени от ног чудовища. Они двигались туда-сюда, словно чудовище тёрлось о дверь в мою комнату.

Наконец, раздался скрип. Тени на полу закачались сильнее, на улице поднялся ветер.

С ужасом я смотрел, как отворяется дверь. Я был так напуган, что не мог пошевелиться.

Шорохи раздались уже в комнате, и на мгновение я увидел ДВА СВЕТЯЩИХСЯ ГЛАЗА!
Они вспыхнули в темноте зеленоватым светом.

Собравшись с духом, я нырнул с головой под одеяло. Ведь больше негде было спастись!

«Может быть, чудовище не разглядело меня?!» — надеялся я, сжавшись под одеялом.

Но не тут-то было. Я чувствовал, что кто-то приближался к кровати. Когда этот кошмар закончится?!

Я ощутил, как примялась постель, словно кто-то на неё прыгнул, а потом одеяло поползло вниз...

Я собрал последние силы и закричал:

Мама! Папа!

Мяу!

Пока я кричал и плакал, послышалось:

— Мяу!

Я замер от удивления.

Чудовище уже пробралось ко мне под одеяло и... замурчало.

Не успел я обо всём догадаться, как мама, папа и сестра ворвались ко мне в комнату.

— Что случилось?!

Яркий свет разогнал темноту. Но я уже и забыл о том, что кричал от страха, ведь у меня на кровати лежал котёнок. Он сладко мурлыкал и щурился от света и совершенно не походил на чудовище. Шёрстка у него была белая, словно сладкая вата.

Родители увидели котёнка.

— Что это? Откуда он взялся? — спросила мама.

— Какой хорошенький! — встряла Оля.

— Наверное, он пробрался через открытое окно, — предположил папа.

Все они нагнулись над моей кроватью и начали гладить котёнка.

— Но почему ты кричал? — всё же спросила мама. — Ты что, испугался такого малыша?

— Мне казалось, что это чудовище, — признался я. — В комнате было темно... вот я и не разглядел...

— Придумал и испугался того, что придумал. Чудной! — поддразнила беззлобно Оля. — Ты только посмотри, какой он белый и пушистый!

Котёнок, услышав это, замурчал ещё громче — от удовольствия.

Утром оказалось, что ночник сломался, поэтому в моей комнате было темно. Тени на полу были не от чудовищ, а от обычных деревьев.

— Я починю тебе ночник, — сказал папа за завтраком.

— Не надо, — отказался я. — Теперь я смогу спать без него. Ведь, знаете, я всё понял... самое страшное в темноте — это моё собственное воображение!

Мама и папа обрадовались, услышав это, а Оля одобрительно мне подмигнула.

Так и закончилась эта история. А котёнка родители разрешили оставить.

С тех пор я не боюсь темноты. Да к тому же мою кровать всегда охраняет котёнок, ночью похожий на чудовище... но белое и пушистое, словно сладкая вата.

Я НЕ БОЮСЬ ПРИВИВОК

— Завтра мы пойдём к врачу, — предупредила мама. — Там тебе сделают прививку.

Я насторожился:

— А что такое прививка?

— Это маленький укол, который учит организм побеждать болезни, — пояснила мама.

— Ну ладно, — сказал я, не придав этому большого значения, — быть здоровым важно.

После обеда ко мне пришёл мой друг Костик. Он с порога протянул мне руку, хвастаясь пластырем с изображением пиратского корабля.

— Во, смотри какой! — гордо произнёс он. — Это мне прививку сделали, а я даже не заплакал!

— А что, надо было плакать? — испуганно уточнил я.

— Конечно! Там иголка огромная и тебя ей прокалывают! Они потому пластырем прививку заклеивают — дыру в руке прячут... Но я не плакал!

Костя задорно покрутил рукой у меня перед носом.

В животе у меня забурчало.

Весь день я думал о прививке и о том, что мне предстоит завтра испытать. К вечеру мне стало так страшно, что я решил порасспрашивать свою сестру Олю.

— Чего тебе? — недовольно спросила она, отрываясь от уроков.

— Оль, а что такое прививка? — робко спросил я у неё. — Это правда так больно?

Оля сощурила глаза (она всегда так делала, когда хулиганила) и ответила:

— Конечно! Прививка — это когда большой-пребольшой иголкой протыкают тебе кожу. А потом врач ещё лекарство вводит — ужас, как больно! Тебе не повезло, я слышала, тебе завтра будут это делать...

И Оля отвернулась от меня, чтобы продолжить готовить уроки. Она была, конечно же, той ещё врединой.

В ту ночь я долго не спал, представляя, как врач протыкает меня иглой. Лежал в кровати и **дрожал от страха**. Но в то же время мне так хотелось

получить пластырь с пиратским кораблём, как у Кости... Или с драконом, или с ракетой... Интересно, а какие там есть картинки?

И вот настало утро. Мама взяла меня за руку и повела не в детский сад, а к врачу. Всю дорогу мама развлекала меня разговорами. Но я-то понимал, что это она просто отвлекает меня от мысли о прививке.

Перед больницей я остановился.

— Я никуда не пойду, — твёрдо сказал я маме.

— Ты что, испугался? — спросила мама.

— Я никуда не пойду! — упрямо повторил я.

И тут дверь больницы вдруг распахнулась. На улицу выбежали две девчонки. У каждой из них на руке было по пластырю — у одной с принцессой, а у другой с русалкой. Они были такие громкие — всё спорили, чей пластырь красивее. И было не похоже, что им было больно.

— Ну вот, видишь, тебе нечего бояться, — сказала мама, тоже заметившая девчонок.

Я вдохнул поглубже... и решился войти в больницу.

В приёмной у врача я сразу увидел кучу детей, столпившихся вокруг большой стеклянной коробки. Оказалось, что там сидел маленький ёжик! Один из мальчиков налил ему молока, и теперь ёжик пил его и забавно фыркал.

— Можно потрогать? — спросил я у мальчика.

— Нельзя, — ответил он. — Но после прививки тебе разрешат дать ёжику угощение.

Тут я разглядел у мальчика пластырь на руке.

— У меня с драконом! — похвастался он. — Можно было, конечно, и пирата взять, но дракон — это круче! Как думаешь?

Я рассмотрел пластырь. Теперь я почему-то не чувствовал страха, как раньше. Все дети выходили из кабинета довольные, никто не кричал и не плакал, зато каждый хвастался пластырем на руке. Я стал переживать уже не о прививке, а о том, чтоб все красивые пластыри не разобрали.

— Мама, когда уже наша очередь? — нетерпеливо спросил я.

И, к счастью, из кабинета вышла медсестра.

— Саша! — позвала она.

И мы с мамой пошли в кабинет. Мама стала говорить о чём-то с врачом, а меня посадила в кресло возле

окна. Я сразу стал крутить головой в разные стороны и глазами искать коробку с пластырями. Уж очень я переживал, чтобы красивые пластыри там ещё были.

Тут ко мне подошла медсестра и спросила:

— А ты видел ёжика в приёмной?

— Конечно! — ответил я. — Он такой забавный!

Медсестра улыбнулась.

— А ты сможешь узнать его на фотографии? — поинтересовалась она и начала показывать мне разные фотографии ёжиков. Они все были очень смешные, и я так увлёкся, что не заметил, как ко мне подошёл врач.

— А ты знаешь, сколько иголок у ёжика? — спросила опять медсестра.

— Наверное, сто тысяч миллионов! — ответил я и услышал, как все рассмеялись.

— А ты когда-нибудь трогал иголку ёжика? — продолжила расспрашивать медсестра.

Я помотал головой.

И тут она достала настоящую большую иголку ёжика. Наверное, ёжик из приёмной потерял её как-нибудь.

— Хочешь потрогать? — спросила медсестра.

Мне стало любопытно. Я протянул руку и коснулся иголки пальцем.

— Не бойся. Потрогай сильнее.

И тогда я коснулся сильнее.

— Ой! — воскликнул я, ведь иголка действительно меня уколола. Но это было не так уж больно, скорее — неожиданно.

— Ну всё! — тем временем сказал доктор и улыбнулся. — Выбирай пластырь!

Я совсем ничего не понял. Посмотрел на маму и удивлённо спросил:

— А как же прививка? Разве мне не будут делать укол?

Мама рассмеялась.

— Чудо ты моё! — воскликнула она. — Тебе его уже сделали! Я же говорила, что нечего бояться — это совсем не больно!

— Не больнее, чем укол ёжика, — добавила медсестра и подмигнула мне.

Наконец-то передо мной поставили коробку с пластырями. Они были такие красивые! Там были и пираты, и драконы, и гоночные машинки... Было сложно выбрать. Глаза просто разбегались в разные стороны.

Тут я увидел пластырь с маленьким ёжиком, похожим на того, что сидел в коробке.

— Я возьму этот! — решительно воскликнул я и достал из коробки пластырь с ёжиком.

— Отличный выбор! — сказал доктор и наклеил пластырь на место прививки.

— А вот и угощение для ёжика, — сказала медсестра, протянув мне кусочек морковки.

SUPERBOY

5$

По дороге домой я попросил маму купить мне энциклопедию про животных.

— Зачем тебе энциклопедия? — удивилась мама.

— Как — зачем? — ответил я, словно это было и так очевидно. — Я хочу узнать, сколько иголок у ёжика.

И мы с мамой отправились в магазин за энциклопедией.

В тот день я узнал, что не стоит бояться прививок, что не всем сказкам надо верить, а ещё — сколько иголок у ёжика на спине.

А вы знаете?

Я НЕ БОЮСЬ СОБАК

— Соседний дом больше не пустует, — сказала мама за ужином, — в него въехала новая соседка. Её зовут Мария Игоревна. У неё есть собака.

Услышав про собаку, я вжался в стул от испуга. Честно говоря, я боюсь собак, особенно больших.

— Не волнуйся, она славная, — успокоила мама. — Я даже её погладила.

На следующий день был выходной. Моему другу Максу купили робота, который умеет отвечать на разные вопросы. Мне не терпелось проверить, на какие вопросы он умеет отвечать, а на какие всё-таки нет. Дом Макса был неподалёку, и мама разрешала мне самому ходить к нему в гости. Вот и этим утром я помчался к Максу.

Робот у Макса и правда был супер! Он умел здороваться и говорить своё имя. А ещё его можно было путать, задавая странные вопросы. Было очень смешно!

Макс и я нахохотались от души. Потом мама Макса разрешила нам посмотреть мультики, и пришло время идти домой.

Я забрал у Макса забытый мяч и побежал вприпрыжку по улице, чеканя мячом по асфальту.

— Гав! — вдруг услышал я и остановился как вкопанный. — Гав-гав!

Я понял, что забыл о собаке, живущей по соседству. Наверняка она всё это время охотилась за мной и ждала удобного момента! Теперь я не знал, что делать, и боялся пошевелиться. Неужели со мной случится то, чего я боялся?! Я взял себя в руки и осторожно обернулся…

На участке нашей новой соседки за забором рядом со мной стоял пёс. Он был огромный и некрасивый, его шерсть торчала во все стороны, словно у бродячей собаки, а вовсе не у домашней и ухоженной. А главное — у него была очень недобрая морда. В этом-то я разбираюсь! Собака смотрела мне в глаза и словно бы говорила: «Сейчас я проглочу твой мячик и тебя самого!»

— Гав-гав! — снова залаял и зарычал пёс, и у меня всё заледенело внутри от страха.

Но я понял, что некогда бояться и размышлять — необходимо спасаться! Я бросил мяч и что было сил понёсся к своему дому.

Войдя в дом, я долго не мог отдышаться. «Как же я теперь буду ходить в гости к Максу?» — подумал я огорчённо.

Все последующие дни я очень аккуратно проходил возле дома новой соседки, вначале проверяя из окна, нет ли во дворе собаки. К счастью, больше я ни этого противного пса, ни его хозяйку не видел. Даже успокоился. В общем, снова потерял бдительность. Пока однажды...

795337

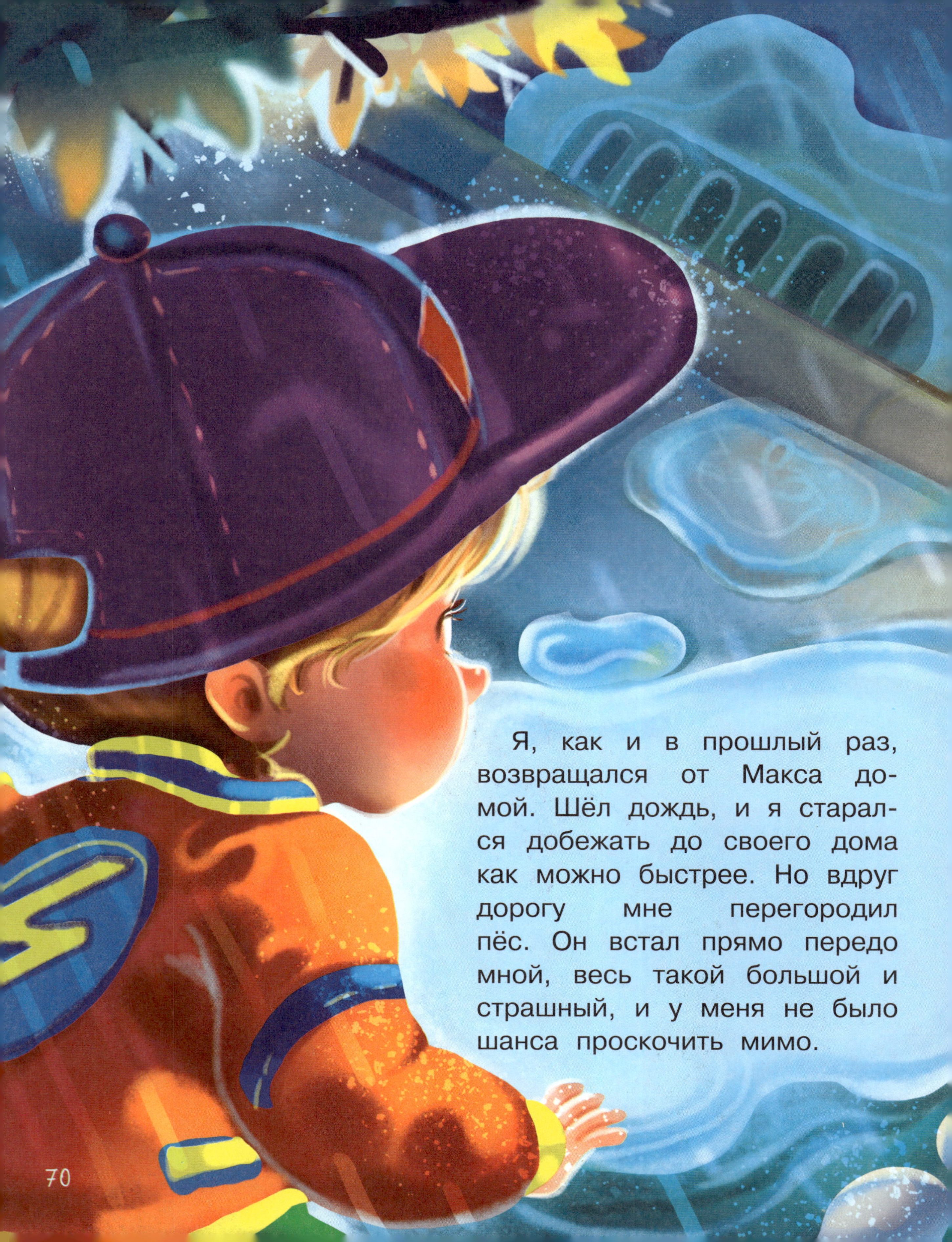

Я, как и в прошлый раз, возвращался от Макса домой. Шёл дождь, и я старался добежать до своего дома как можно быстрее. Но вдруг дорогу мне перегородил пёс. Он встал прямо передо мной, весь такой большой и страшный, и у меня не было шанса проскочить мимо.

Пёс громко залаял. От страха у меня перехватило дыхание. Не зная, что делать, я потихоньку попятился назад, надеясь как-нибудь ускользнуть от собаки. Но та напирала на меня и лаяла всё громче. А самое страшное случилось дальше.

Собака прыгнула на меня, схватила зубами за штанину и потащила за собой.

— Мама! Папа! — попытался звать я, но пёс крепко держал меня и куда-то тянул.

Мне не оставалось ничего другого, как подчиниться, иначе он мог вообще прокусить мне ногу. Но тут я понял, что он как будто хотел что-то мне показать. Тащил он меня к своему дому.

Калитка была почему-то открыта, и я легко смог пройти внутрь.

Тут я услышал слабый и тихий голос:

— Помогите!

Я не мог поверить своим глазам: на крыльце дома лежала пожилая женщина! Она упала и явно сильно ушиблась. Так сильно, что не могла сама встать.

Она была вся мокрая от дождя и сильно замёрзла.

Отпустив меня, собака подбежала к ней, виляя хвостом, и начала облизывать её лицо, словно пытаясь согреть. Хотя я ни разу не видел Марию Игоревну, нашу соседку, я сразу догадался, что это она.

— Я позову маму! — пообещал я и быстро помчался домой.

С порога своего дома я сразу крикнул:

— Мама! Скорее! Врача!

Мама очень испугалась.

— Скорее! За мной! — потянул я её за собой. У меня не было времени обьяснять, ведь соседка там мокла и мёрзла под дождём!

Мама быстро сообразила, что случилось что-то серьёзное, и помчалась за мной.

Увидев соседку, мама сразу вызвала скорую помощь. Очевидно, женщина сломала ногу, когда упала, и нам самим никак нельзя было её трогать.

Пока мы ждали врача, мама накрыла Марию Игоревну одеялом и положила под голову подушку. А мне надо было держать над ней зонтик, чтобы её не мочил дождь.

— Ничего-ничего, они уже едут! — успокаивала мама нашу соседку.

Всё это время пёс не отходил от своей хозяйки, слизывал капли дождя с её лица и рук, словно пытаясь помочь.

К счастью, скорая помощь приехала быстро. Нашу соседку погрузили на специальную каталку и увезли в больницу. Пёс жалобно скулил и даже попытался бежать за машиной, но подоспевший нам на помощь папа задержал его.

— Ему нельзя в больницу, — сказал папа. — Там всё стерильно! Его не пустят, и он потеряется.

— Придётся ему пожить у нас, пока его хозяйка не вернётся домой, — решила мама.

Дома мы взяли старый матрас и устроили псу кровать около камина. Мы все очень замёрзли, и папа разжёг огонь, чтобы мы погрелись. У нас не было специальной еды для собак, так что мама покрошила котлету с булкой в одну тарелку, в другую — налила воды. Но пёс не обратил на это внимания. Ему было всё равно. Он лежал около входной двери и жалобно скулил. Было видно, что он переживает за свою хозяйку.

— А ты герой, — сказал мне папа. — Не испугался этого пса и помог спасти женщину!

— У меня просто не было выбора, — ответил я папе. — Пёс потянул меня за штанину, это он — герой!

Но я, конечно, очень гордился собой. Ведь я догадался позвать маму и помогал держать зонт над Марией Игоревной, хотя мои руки очень устали.

— Молодец, — похвалил меня папа и крепко пожал мне руку.

Я сразу почувствовал себя очень взрослым.

На следующее утро оказалось, что пёс совсем ничего не ел и не пил. Он по-прежнему лежал у двери и ни на кого не обращал внимания.

— Герой, а ведь мы даже не знаем твоего имени, — сказала мама.

— Может, попробуешь его покормить из рук? — спросил меня папа. — Ведь он тебе доверил спасать его хозяйку. Разве вы теперь не друзья?

И тут я понял, что больше не боюсь этого пса. Совсем. Ведь он действительно герой — спас свою хозяйку. Несмотря на свою грозную внешность, он умеет любить и заботиться!

Я присел около него и погладил. Он посмотрел на меня, а затем... положил свою голову мне на колени. Мы ещё долго так сидели, и я его гладил. Мама дала мне бутерброд с колбасой, я протянул его псу. И он его съел.

— Вот видишь, — сказал папа, — я ведь говорил, что он доверяет тебе.

Я улыбнулся и продолжил гладить пса. Мысленно я говорил ему: «Не переживай, дружище! Вот увидишь:

совсем скоро твоя хозяйка вернётся из больницы, и вы снова будете вместе!»

Пёс поглядывал на меня, и по его глазам я понимал, что он как-то слышит мои мысли. Вот, оказывается, какие на самом деле собаки!

Прошло три недели.

Пёс у нас совсем освоился. Он стал спать на матрасе возле камина, и мы купили ему специальную еду, которая ему очень нравилась. И мне он уже не казался таким некрасивым, как раньше. Я понял, что его морда

не была злой, а даже напротив — она была озорной и весёлой. Стоило лишь присмотреться!

А ещё пёс просто обожал играть со мной и папой в футбол. Он бегал наперегонки за мячом и всегда побеждал. Не только меня, но и папу! Правда, своими зубами он проколол три футбольных мяча. Но это нам не помешало — рваным мячом он тоже играл с большим удовольствием.

Я думал, что пёс сойдёт с ума от радости, когда соседка вернулась домой из больницы! Он чуть не повалил её с ног.

Пёс лаял, и визжал, и прыгал, и крутился! Я прежде не видел, чтобы кто-то так радовался. Даже когда папа подарил мне велосипед, я не был так счастлив.

Теперь по дороге к Максу я всегда первым делом бегу к забору соседки. Я надеюсь увидеть Бима — так, оказывается, зовут пса. И я точно знаю, что он будет громко лаять, но совсем не от злости, а потому что очень хочет со мной поиграть.

Он мой добрый и верный друг!

Хотите с ним подружиться?

СОДЕРЖАНИЕ